Kuno Fischer

Das Verhältniss zwischen Willen und Verstand im Menschen

Vortrag in Gegenwart der höchsten Herrschaften gehalten im Residenzschlosse zu

Karlsruhe am 28. März 1896

Kuno Fischer

Das Verhältniss zwischen Willen und Verstand im Menschen
Vortrag in Gegenwart der höchsten Herrschaften gehalten im Residenzschlosse zu Karlsruhe am 28. März 1896

ISBN/EAN: 9783743373938

Hergestellt in Europa, USA, Kanada, Australien, Japan

Cover: Foto ©ninafisch / pixelio.de

Manufactured and distributed by brebook publishing software (www.brebook.com)

Kuno Fischer

Das Verhältniss zwischen Willen und Verstand im Menschen

Kleine Schriften

von

Kuno Fischer.

6.

Das Verhältniß zwischen Willen und Verstand im Menschen.

Vortrag

in Gegenwart der Höchsten Herrschaften

gehalten

im Residenzschlosse zu Karlsruhe
am 28. März 1896

von

Kuno Fischer.

Zweite Auflage.

Heidelberg.
Carl Winter's Universitätsbuchhandlung.

Alle Rechte, besonders das Recht der Uebersetzung in fremde Sprachen, werden vorbehalten.

Vorwort.

Dieser Vortrag ist zuerst als Handschrift gedruckt und der Zuhörerschaft mitgetheilt worden, die ihn zu lesen wünschte, nachdem sie ihn gehört hatte. Da er nun auf dem Wege der weiteren Mittheilung auch eine weitere Zuhörerschaft gefunden hat, die das Schriftchen zu behalten wünscht, während andere demselben nachfragen, so will ich nicht hindern, daß es in unveränderter Gestalt herausgegeben und in die Sammlung meiner Schriften aufgenommen wird.

Heidelberg, im November 1896.

K. F.

Inhalt.

		Seite
I.	Das Thema	9
II.	Das Problem	14
	1. Die Priorität des Willens	15
	2. Die Priorität des Verstandes	16
	3. Die Willkür	17
III.	Der unbewußte oder blinde Wille	21
	1. Die Leibesactionen	21
	2. Der Leib als Willenserscheinung	23
IV.	Der Wille als Kraft	30
	1. Die Naturkräfte	30
	2. A. Schopenhauer und A. Comte	32
V.	Wille und Verstand: der Einfluß des Willens	34
	1. Die Voreiligkeit	36
	2. Die Verfälschung	36
	3. Die Vorurtheile	37
	4. Die Nachurtheile	39
	5. Die Anspornung des Verstandes	40
	6. Die Schärfung des Gedächtnisses	41
VI.	Verstand und Wille: der Einfluß des Verstandes	42
	1. Die Erleuchtung des Willens	42
	2. Das Mitleid und das Weinen	44
	3. Mitleid und Liebe	48
VII.	Die Selbstbeherrschung	49
VIII.	Kopf und Herz	52

Das Verhältniß zwischen Willen und Verstand im Menschen.

I. Das Thema.

Als mir die höchst ehrenvolle Aufforderung zu Theil wurde, an dieser Stelle am heutigen Abend einen Vortrag zu halten, so waren mir alsbald drei Themata gegenwärtig, die bei aller Verschiedenheit etwas Gemeinsames hatten: ich dachte zuerst an die Bedeutung des heiligen Thomas von Aquino, des anerkannt gewaltigsten Philosophen des christlichen Mittelalters und der römischen Kirche; dann richtete sich mein Augenmerk auf die Bedeutung des französischen Philosophen René Descartes, eines der größten Denker Frankreichs und der Welt, dessen dreihundertjähriges Geburtsjubiläum in den nächsten Tagen bevorsteht.

Thomas hatte gelehrt, daß in dem aufwärtsgerichteten Stufenreiche der Welt, das von den untersten Wesen zu den höchsten und zu dem Allerhöchsten, von

dem Orte der Verworfenen zu dem der Seligen empor=
steigt, alles durch die göttliche Einsicht und Weisheit
vollkommen geordnet und bestimmt sei. Dieser Grund=
anschauung gemäß gilt das Princip: daß der Wille
durch den Verstand determinirt wird und ihm gehorcht.

Auch hat Thomas diesen Grundsatz in seinem
Leben und Handeln verkörpert. Er hatte frühzeitig
die Ueberzeugung gewonnen, daß es nichts Höheres
gebe als die geoffenbarten Glaubens= und Heilswahr=
heiten der Kirchenlehre, daß man daher nichts Besseres
thun könne, als diese Wahrheiten lehren, beweisen und
predigen. Deshalb wurde er aus innerstem Drange mit
sechszehn Jahren Dominikaner. Er stammte aus
einer der vornehmsten Familien: väterlicherseits von
dem Geschlechte der Frangipani, woraus Papst Gregor
der Große hervorgegangen war; mütterlicherseits
war er mit den Hohenstaufen verwandt und ein Vetter
Kaiser Friedrichs II. Seine Familie suchte ihn dem
Orden zu entreißen und nahm ihn gefangen. Auf
dem väterlichen Schlosse Rocca Sicca bei Neapel streng
bewacht, hat er mit seiner Familie, insbesondere mit
seiner Mutter, einer normannischen Fürstentochter, ge=
rungen und zuletzt seinen Willen behauptet. Er blieb
Dominikaner und wurde der größte Mann des Ordens.

Als er im Dominikanerkloster zu Paris in den Jahren 1245 bis 1248 seine Studien fortsetzte, hatte er eines Tages zu Tisch die Lectio zu halten. Einer der Oberen bemerkte ihm, daß er ein Wort falsch ausgesprochen habe. Thomas verbesserte sich sogleich. Als man ihm nachher sagte, daß er jenes Wort ganz richtig ausgesprochen und nicht er, sondern der Vorgesetzte sich geirrt habe, antwortete Thomas: „es kommt wenig darauf an, wie ein Wort gesprochen wird, aber sehr viel darauf, daß ein Dominikaner gehorcht". Eine solche Gesinnungsart ist es, wodurch die Dinge, denen sie gewidmet wird, wachsen und groß werden.

Wenn aber alles in der Welt durch die göttliche Weisheit auf das Beste und Vollkommenste geordnet ist, so muß gefragt werden: „Woher kommen unsre Irrthümer und Sünden?" Diese Frage ist auch dem thomistischen System auf dem Fuße gefolgt. Noch innerhalb der mittelalterlichen Kirchenlehre, die man Scholastik nennt, hat ein sehr bedeutender und scharfsinniger Mann, der Franziskaner Johannes Dun Scotus, gefunden, daß in der Art, wie Thomas das Verhältniß zwischen Verstand und Willen angesetzt habe, ein Grundfehler enthalten sei, und die Herrschaft oder der Primat nicht dem Verstande, sondern dem Willen gebühre.

Indessen will ich diese Frage jetzt nicht auf den Wegen der Scholastik näher verfolgen.

Die Frage selbst führte mich, indem ich meine Themata überdachte, weit über die Scholastik hinaus zu Descartes, einem der unbestrittensten Begründer der neueren Philosophie. Seit jenen Tagen des Thomas Aquinas im Dominikanerkloster zu Paris waren vier Jahrhunderte verflossen, als Descartes seine epochemachenden Hauptwerke veröffentlicht hatte (1644). Auch ihn hatte der Durst nach Wahrheit frühzeitig ergriffen und sich des sechszehnjährigen Jünglings auf der Jesuitenschule zu La Flèche bemächtigt. Um sich ihrer Erforschung ganz hingeben und seine Werke in ungestörtester Ruhe verfassen zu können, hatte er sich als ein Mann von dreiunddreißig Jahren in die Niederlande begeben, um hier in Städten und Dörfern abwechselnd so einsam und verborgen wie möglich zwanzig Jahre lang zu leben. Er nannte Holland gern seine „geliebte Einsiedelei"; er ist einer der wenigen Franzosen, vielleicht der einzige gewesen, dem Paris auf die Dauer unerträglich war. In einem Dorfe Nordhollands war ihm wohler.

Als er sich zum letztenmale in der Hauptstadt seines Vaterlandes aufhielt, kurz vor seiner Abreise nach Schweden und kurz vor seinem Tode, schrieb er an einen Freund: „Ich sehne mich nach meinem Dorf, denn hier in Paris ist die Illusion epidemisch". Und es war ja der innerste Beruf und die Aufgabe seines Lebens, das Wesen der Dinge zu erkennen nach Abzug aller Illusionen.

Auch er sah sich vor die Frage gestellt: wenn alles in der Welt nach göttlicher Weisheit und Güte auf das Beste geordnet ist, woher kommen unsre Irrthümer? Woher dieses Heer von Täuschungen, das uns gefangen hält? Nach einer tiefen Selbstprüfung war er zu der Einsicht gelangt, daß alle unsre Irrthümer, alle unsre Illusionen Selbsttäuschungen seien, welche der Wille vermeiden kann und darum verursacht, wenn er sie nicht vermeidet. Jeder Irrthum sei eine Willensschuld. Wenn wir nur den ernsten Willen zur Wahrheit haben, wenn wir nur wahr gegen uns selbst, d. h. wahrhaftig sind und ernstlich sein wollen, so werden wir uns nie Gewißheiten einbilden, die wir nicht haben, und niemals wissen oder zu wissen scheinen wollen, was wir in Wahrheit nicht wissen.

Wenn es aber der Wille ist, der den Irrthum sowohl verschuldet, als er im Stande ist, ihn zu verhüten und uns davor zu bewahren; wenn der Wille die Wege des Verstandes sowohl zu erleuchten, als auch zu verfinstern vermag: so ist offenbar nicht der Wille vom Verstande abhängig, sondern die Sache verhält sich umgekehrt.

So kam es, daß die Frage zwischen Willen und Verstand in der menschlichen Natur mir unwillkürlich als ein drittes Thema erschien, welches die beiden andern gleichsam in sich faßte. Und auf dieses dritte Thema haben Seine Königliche Hoheit den heutigen Vortrag hinzuweisen geruht.

II. Das Problem.

Die Sache selbst ist sehr gewichtig. Denn da Wille und Verstand die beiden Grundvermögen der menschlichen Natur ausmachen, so ist die Frage nach ihrem Verhältniß die Grund- und Fundamentalfrage aller in die Tiefe gerichteten Menschenkenntniß. Daher will ich die Beantwortung an der Hand weder des Thomas noch des Descartes, sondern unserer eigenen Erfahrung versuchen.

1. Die Priorität des Willens.

Eine unserer frühsten und alltäglichsten Erfahrungen lehrt uns, daß zu allem Erkennen, zu jeder Verstandesthätigkeit, auch der scheinbar leichtesten, eine gewisse Anstrengung und Arbeit gehört, und sich die Dinge keineswegs von selbst verstehen, wie sehr viele meinen, nachdem man das so überaus beliebte Wort „selbstverständlich" erfunden hat. Um irgend etwas zu verstehen, was es auch sei, dazu muß man aufpassen und aufmerken. Freilich ist das Aufpassen noch nicht das Verstehen, und die Aufmerksamkeit noch nicht das Verständniß, aber ohne jene ist dieses unmöglich. Wie oft muß der Lehrer zum Schüler sagen: „Paß auf! Sei nicht zerstreut, sammle dich, richte dich auf den Gegenstand!" Er setzt mit Recht voraus, daß der Schüler im normalen Zustande aufpassen und aufmerken kann, wenn er nur will. Zu allem Erkennen gehört die Aufmerksamkeit, und zu dieser der Wille, ohne welchen der Verstand keinen Schritt thut.

Daß wir unsere Verstandesthätigkeit anspannen und auf ein bestimmtes Ziel richten müssen, um zu irgend welcher Einsicht zu gelangen, ist, wie mir scheint, der einfachste, durch das ganze Leben sich täglich so oft wiederholende Beweis, daß der Wille dem Verstande vorausgeht.

2. Die Priorität des Verstandes.

Trotzdem hat die entgegengesetzte Lehre, welche dem Verstande die Priorität und Herrschaft zuspricht, indem sie unser Wollen durch unser Erkennen bestimmt werden läßt, immer ihre Geltung behauptet. Dieselbe beruft sich ebenfalls auf die Erfahrung und nimmt ihre Zeugnisse aus dem Gebiete unserer entwickelten und reifen Erkenntniß- und Geisteszustände. Die menschliche Vernunft beschreibt einen weiten Gesichtskreis. Wir haben die Gegenwart vor uns, wir blicken zurück in die Vergangenheit und schauen hinaus in die Zukunft, in der so viele Pläne ausgeführt, so viele Zwecke erfüllt, so viele Ziele erreicht sein wollen.

Unsere Zwecke sind die Beweggründe oder Motive unserer Handlungen. Wo aber Gründe sind, da sind immer auch Gegengründe, und aus der Vergleichung beider entsteht ein Conflict der Motive, der um so stärker und bedeutsamer ist, je schwieriger und wichtiger die Handlungen sind, die wir vorhaben. Um uns zu entschließen und zu handeln, müssen wir die

Beweggründe für und wider sehr sorgfältig er=
wägen, überlegen und prüfen. Hier hilft nun kein
Lehrer mit seinem „Paß auf!" (denn ich passe
schon von selbst auf), sondern hier ist der Apostel
zu hören und zu beherzigen: „Prüfet alles und
das Beste behaltet!" Prüfet die Motive und
wählet die richtigsten! Von dieser sorgfältigen Prü=
fung, Abwägung und Wahl der Motive sind unsere
Entschließungen und Handlungen abhängig.
Wenn man diesen Geisteszustand vor Augen hat
und demgemäß das Verhältniß zwischen Willen und
Verstand auffaßt und bestimmt, so gilt der Satz:
„Wie das Erkennen, so das Wollen, wie der
Verstand, so der Wille". Der Verstand schreibt vor,
der Wille führt aus; jener herrscht, dieser gehorcht.

3. Die Willkür.

Indessen haben wir es in dem gegebenen Fall
nicht mit allem Willen, sondern mit einer besonderen
Willensart zu thun, nämlich mit demjenigen Willen,
welcher sich seiner Zwecke bewußt ist und nach er=
kannten und gewählten Zwecken handelt. Diesen wäh=
lenden Willen nennt man Willkür; diese ist keines=
wegs, wie man gewöhnlich meint, unbestimmt, grund=
los und frei, sondern stets durch die Einsicht und

Wahl des Besseren, sei es auch nur der Schein des Besseren, bestimmt. Und wodurch wird diese Wahl und Einsicht bestimmt?

Der englische Philosoph Locke erzählt von einem Augenarzt, der einem seiner Patienten, der wohl etwas dem Trunke ergeben war, folgenden Rath ertheilt habe: „Wenn Ihnen das Trinken lieber ist, als das Sehen, so ist der Wein für Sie das Beste, wenn Ihnen aber das Sehen lieber ist, als das Trinken, so ist der Wein für Sie das Schlimmste".

Der Patient konnte wählen. Was wird er gethan haben? Wenn er ein Trinker von Profession war, so wird er den Wein gewählt haben, denn er war ihm lieber, als die Augen. Wenn er aber bei Sinnen und vernünftig war, so wird er seine Augen vorgezogen und sich das Trinken abgewöhnt haben. Was für eine Wahl er getroffen haben wird, hängt also zuletzt davon ab, was für ein Mensch, was für ein Charakter oder Wille er war.

Ich erinnere an die Fabel vom Hercules, der am Scheidewege stand zwischen Tugend und Laster: er hatte zu wählen, aber er konnte nicht anders wählen, als er gewählt hat, denn er war der Sohn des Jupiter!

Um aber das umfassendste und bekannteste aller Beispiele zu nennen, so gründet sich auf die Willkür oder die menschliche Wahlfreiheit, die von der Erkenntniß und Prüfung der Motive und Gegenmotive abhängt, nichts geringeres als unsere Strafgerechtigkeit und ihr Gesetzbuch. Wer ein Unrecht, ein Vergehen, ein Verbrechen begeht, verspricht sich von seiner Handlung gewisse Vortheile. Diese Vortheile sind die Motive des Uebelthäters. Die angedrohten Nachtheile oder Uebel, welche die Strafe ihm zufügt, sind die Gegenmotive. Der Strafcodex enthält die Aufführung dieser Gegenmotive. Vorausgesetzt wird der ungehemmte Gebrauch der zur Prüfung und Erkenntniß der Motive und Gegenmotive nöthigen Geisteskräfte, d. i. die Freiheit des Urtheils, die man die intellectuelle oder Geistesfreiheit nennt. Auf dieser beruht die Verantwortlichkeit und damit die Strafsälligkeit des Thäters. Die Strafgerechtigkeit will durch die Nachtheile oder Uebel, welche die Strafe mit sich bringt, vom Unrecht abschrecken, wie man früher gesagt hat, oder, wie es heute heißt, einen psychologischen Zwang auf den Willen ausüben, damit dieser die Nachtheile der Strafe für schlimmer erachte, als die Vortheile des Unrechts, und dieses letztere aus kluger Rücksicht auf das eigene Wohl unterlasse. Die Gegenmotive sollen stärker wirken als die Motive.

Wie die Prüfung und Wahl ausfällt, wird auch hier schließlich davon abhängen, was für ein Mensch, was für ein Charakter der Prüfende ist; es wird auf seine Willensbeschaffenheit und Willensrichtung an= kommen, die aller Willkür und allem bewußten Handeln vorausgeht und tiefer liegt als beide.

Daher werden wir nicht ohne weiteres den Satz gelten lassen: „Wie der Verstand, so der Wille; wie das Erkennen, so das Wollen". Dann wäre es der Wille, der vom Verstande ausgeht und abhängt. Wenn es sich wirklich so verhielte, so würde es un= möglich sein, blindlings zu wollen; es wäre dann unmöglich, daß mit vielem Verstande ein schwacher Wille und mit einem schwachen Verstande ein heftiger Wille verknüpft sein kann. Wenn zu allem Wollen Gründe gehörten, wie sie der Verstand auffindet und braucht, so könnte man nicht grundlos in Zorn gerathen und sich ärgern, wie man es doch so häufig erlebt.

Wir müssen demnach zwei Willensarten wohl unterscheiden: 1. die Willkür als die uns völlig bekannte, weil im Lichte des Bewußtseins gelegene, durch die Erkenntniß und Prüfung der Motive erleuchtete und gelenkte Willensart, und 2. die allem Erkennen und bewußten Handeln vorausgehende, welche eben deshalb als ein unbewußtes oder blindes Wollen, als ein unwillkürliches Wollen und Handeln aufzufassen und zu bezeichnen ist.

III. Der unbewußte oder blinde Wille.

1. Die Leibesactionen.

Wir pflegen willkürliche und unwillkürliche Handlungen auch in unseren Leibesactionen zu unterscheiden. Diese sind ohne Ausnahme Bewegungen, entweder willkürliche oder unwillkürliche. Dieselbe Bewegung, je nach den Bedingungen, aus denen sie erfolgt, ist jetzt unwillkürlich, jetzt willkürlich. Um bei vermehrtem Lichtreiz eine schmerzliche Affection abzuwehren, ziehe ich die Augenmuskeln zusammen und verengere die Pupille: diese Bewegung geschieht unwillkürlich. Um einen Gegenstand in der Nähe so deutlich wie möglich zu sehen, mache ich ganz dieselbe Bewegung, die aber jetzt willkürlich geschieht. Ebenso erweitere ich willkürlich die Pupille und thue meine Augen weit auf, um in die Ferne zu sehen.

Niemand zweifelt, daß unsere Affecte, wie Furcht und Hoffnung, Freude und Trauer, Zorn, Schreck, Gram u. s. f. Willenszustände und Willenserregungen sind, die sich unwillkürlich verleiblichen, Freude und Hoffnung in beschleunigtem Herzklopfen, der Zorn in rascherem Blutumlauf, der Schreck im Erbleichen, der Gram in der Störung und Untergrabung der vitalen Functionen u. s. f.

Alle unsere Leibesactionen, die willkürlichen und die unwillkürlichen, werden durch die Nerven geleitet, diese aber unterscheiden sich in zwei besondere Systeme: das centrale mit Gehirn und Rückenmark, wovon die sensibeln und motorischen Nerven ausgehen, und das sogenannte sympathische mit den kleinen Centris, den Nervenknoten oder Ganglien und deren Verflechtungen. Jene lenken die willkürlichen Bewegungen, als da sind die der Arme, Beine, Augen, Zunge, Lippen u. s. f., diese die unwillkürlichen, nämlich die vegetativen oder organischen Functionen, die eigentlich vitalen, als da sind die Herzthätigkeit, der Blutumlauf, die Ernährung u. s. f.

Das centrale Nervensystem mit seinem Sensorium, dem Gehirn und den Sinnesorganen, dient zur Wahrnehmung der Außenwelt und zur Reaction des Willens auf dieselbe: es ist in der Verfassung des Organismus gleichsam, wie man gesagt hat, das Ministerium des Aeußern; während das sympathische Nervensystem, welches die innere Verwaltung des Leibes besorgt, sich dem Ministerium des Innern vergleichen läßt; die kleinen Centra desselben sind die Statthalter der Provinzen und Districte, der Wille aber ist der Selbstherrscher. Niemand kann zweien Herren dienen, auch nicht der Leib. Der Herr ist der Wille: der bewußte, dem der Leib in seinen willkürlichen Bewegungen gehorcht; der unbewußte oder blinde, der die unwillkürlichen leitet und beherrscht.

2. Der Leib als Willenserscheinung.

Was aber von unsern willkürlichen und unwillkürlichen Bewegungen, mithin von allen leiblichen Veränderungen gilt, daß nämlich der Wille es ist, der sie macht, muß auch von den Organen, deren Functionen jene leiblichen Veränderungen sind, also von der gesammten Gliederung und Gestaltung des Leibes gelten: der ganze Leib ist eine Willenserscheinung, ein animalischer Charakter, d. h. ein Inbegriff bestimmter Neigungen und Begierden. Die charakteristische Form der Knochenbildung und des Skelets ist der unverkennbare Ausdruck eines bestimmten thierischen Charakters, jedes Organ ist der typische Ausdruck einer der besonderen Thierart eigenen Hauptbegehrung, wie auch Anatomen und Physiologen dies erkannt und ausgesprochen haben. K. Fr. Burdach sagt: „Das Gehirn stülpt sich zur Netzhaut aus, weil das Centrale des Embryo die Eindrücke der Weltthätigkeit in sich aufnehmen will". In dem Gehirn, als dem Erkenntnißorgan, manifestirt sich das Erkennenwollen, in dem Sehorgan das Sehenwollen. In einem indischen Epos, welches Schopenhauer zur Erleuchtung seiner eigenen Lehre anführt, ist diese Wahrheit höchst sinnvoll und poetisch dargestellt worden. Brahma hatte die Tillotama, das schönste der Weiber, geschaffen und läßt sie den Götterkreis umwandeln: Schiwa will sie nicht aus den Augen verlieren, da wachsen ihm vier Gesichter, eines nach jeder Weltgegend; Indra will nichts als sie sehen, da wachsen ihm zahllose Augen: er wird, wie man zu sagen pflegt, ganz Auge.

Es verhält sich mit den Lebensorganen, deren Complex den Leib ausmacht, wie mit allen unsern Werkzeugen überhaupt, auch den künstlichen oder technischen. Die Sache steht nicht so, daß man erst das Ding erfindet und dann zusieht, welchen Gebrauch man davon machen kann, sondern man bedarf zu gewissen Lebenszwecken, wie zur Ernährung, Bekleidung, Behausung, Vertheidigung u. s. f., gewisser Mittel und Geräthschaften, die in Absicht auf ihren Gebrauch erfunden und nach dem Fortschritt, nach der Vermehrung und Verfeinerung der menschlichen Bedürfnisse immer höher gestaltet und vervollkommnet werden. Wie mit den technischen, ähnlich verhält es sich mit den organischen oder lebendigen Werkzeugen, nur daß jene gemacht werden, diese dagegen sich selbst machen, d. h. sich entwickeln.

Nicht weil das Thier so organisirt ist, darum lebt es so, sondern weil es so lebt und leben will, darum ist es so organisirt. Der Vogel fliegt nicht, weil er Flügel hat, sondern er hat Flügel, weil er fliegen will; der Stier stößt nicht, weil er Hörner hat, sondern er hat Hörner, weil er stoßen will, die jungen Böcke, Widder, Kälber stoßen, ehe sie Hörner haben, wie der junge Eber um sich haut, ehe er Hauer hat. Die Sumpfvögel wollen waten und in den Sümpfen oder am Rande der Gewässer ihre Nahrung erbeuten: deshalb haben sie ihre langen Beine, Hälse und Schnäbel, die letzteren stärker oder schwächer, je nachdem die zu zermalmende Beute Fische, Frösche oder Würmer sind. Die Eule will des Nachts auf Raub ausfliegen: deshalb hat sie ihre große Pupille, ihr weiches Gefieder, ihren geräuschlosen Flug. Der Ameisenbär will die Termitennester aufreißen und dort seine Nahrung holen: deshalb hat er Krallen an den Füßen, ein zahnloses Maul, eine cylinderförmige Schnauze, eine lange fadenförmige, mit klebrigem Schleim bedeckte Zunge, um sie in das Nest hineinzustecken und mit Insecten bedeckt wieder herauszuziehen. Die Giraffe will vom Laube hoher Bäume und vom Wasser leben: daher die hohen Beine und der langgestreckte Hals, die sie zum größten aller Thiere machen. Und der Elephant, das colossalste der Thiere, mit seiner Körpermasse, seinem schweren Kopf, den ungeheuren Stoßzähnen und dem kurzen Hals bedarf eines leicht beweglichen, nach allen Richtungen hin reichenden Organs: deshalb hat er seinen Rüssel. „Wir müssen einsehen", sagt Schopenhauer, „daß derselbe Wille, welcher den Elephantenrüssel nach einem Gegenstande ausstreckt, es auch ist, der ihn hervorgetrieben und gestaltet hat."[1]

[1] Schopenhauer: Die Welt als Wille und Vorstellung.

Man nennt den Menschen das höchste und vollkommenste der irdischen Geschöpfe, weil er das klügste und vernünftigste ist und vernünftigen Zwecken gemäß handelt: deshalb hat er Hände, das Werkzeug, welches Aristoteles „das Organ der Organe" genannt hat. Ein früherer Philosoph hatte gemeint: weil der Mensch Hände habe, darum sei er vernünftig. Vielmehr verhält es sich umgekehrt, wie in den vorhin angeführten Fällen: nicht das Organ macht den Gebrauch, sondern der Wille zum Gebrauch schafft sich das Organ. Weil der Mensch vernünftig denken und handeln, d. h. so klug wie möglich hantiren will, darum hat er Hände.

Wie die Lebensweise des Thieres, so sind seine Organe; die Lebensweise ist bestimmt durch die Nahrungsweise, diese durch die Art, den Aufenthaltsort und den Fang der Beute. Die thierischen Jäger mit ihrer lebendigen Rüstung gleichen den menschlichen mit ihren künstlichen auf bestimmte Jagdbeute berechneten Waffen.

Die Pflanze wurzelt im Erdreiche und wird von

Bd. II. Cap. 26. Vgl. mein Werk über A. Schopenhauer (Gesch. d. neueren Philosophie. Bd. VIII). Cap. VIII. S. 249—271.

den Stoffen ernährt, die sie umgeben; das Thier dagegen muß seine Nahrung suchen und zu diesem Zwecke die Dinge außer sich wahrnehmen: es bedarf der Sinnesorgane und Empfindung. Zu dem Lebenwollen auf thierische Art gehört auch das Erkennenwollen, das sich ein Erkenntnißorgan, ein Sensorium, das Gehirn mit den dazu gehörigen Sinneswerkzeugen schafft, wodurch die Außenwelt percipirt wird. Das menschliche Leben aber hat und entwickelt Bedürfnisse, welche nur durch intellectuelle Kräfte nicht blos wahrnehmender und vorstellender, sondern denkender Art zu befriedigen sind: deshalb schafft sich der menschliche Wille das Vermögen des Denkens oder der Reflexion, kraft dessen wir unsere Vorstellungen nicht blos haben, sondern vergleichen und verallgemeinern, auf diesem Wege erhöhen und ordnen, mit einem Worte Begriffe bilden, deren verständlichste Mittheilung und Ausdrucksweise die articulirten Laute sind oder die Sprache. Denken und Sprechen, Begriffe und Sprache hängen auf das allergenaueste zusammen, sie entwickeln sich wechselseitig und charakterisiren die menschliche Vernunftthätigkeit, auf der alles besonnene Handeln und alle wissenschaftliche Erkenntniß beruht. Das besonnene

Handeln ist das willkürliche, durch Beweggründe und deren Wahl gelenkte.

Der blinde Wille fabricirt nicht, sondern orga= nisirt, er schafft seine Organe nicht nach, wohl aber zu bestimmten Zwecken, deren Inbegriff die Le= bensweise oder den thierischen Charakter ausmacht: er handelt nicht willkürlich, sondern instinctiv. Der Instinct ist ein erkenntnißloses oder blindes Motiv, wenn man diesen Ausdruck brauchen darf, da doch aus der Wahrnehmung und Erkenntniß erst die eigentlichen Motive hervorgehen. Wenn der Vogel ein Nest baut, um darin Eier zu legen und auszubrüten, so handelt er vollkommen zweckmäßig; wenn aber der junge Vogel gleich nach der ersten Be= fruchtung, ohne alle Vorstellung der Eier und der Brut dieses Werk ausführt, so handelt er vollkommen blind. Dasselbe gilt vom Netz, welches die Spinne webt, um darin Insecten zu fangen, ohne schon die Empfindung des Hungers und die Vorstellung der Beute gehabt zu haben.

Das instinctive Wollen, welches im Innern des Leibes waltet und dessen Organe entwickelt, hat man den Bildungstrieb genannt; in der Ausbildung und Ausführung äußerer Werke heißt es Kunsttrieb.

Solche Werke sind der Ameisenbau, der Bienenstock, das Spinngewebe, das Vogelnest u. s. f.

IV. Der Wille als Kraft.

1. Die Naturkräfte.

Ist aber der Wille die Quelle sowohl der willkürlichen als auch der unwillkürlichen Lebensthätigkeit, sowohl der bewußten als auch der blinden und unbewußten, so ist er die Quelle alles Lebens überhaupt. Man wird diesen Satz erweitern und behaupten dürfen, daß der Wille die Quelle aller Thätigkeit und alles Wirkens oder, kurzgesagt, dasjenige sei, was man mit dem Worte Kraft bezeichnet.

Die Quelle der Wirksamkeit, die jeder in sich selbst unmittelbar als Drang und Streben, d. h. Willen erkennt, heißt in den Dingen außer uns Kraft, Naturkraft; man unterscheidet allgemeine und besondere Naturkräfte, es giebt ein ganzes Heer solcher Kräfte.

Wenn der Stein zur Erde gezogen wird und fällt, so thut dies, wie man sagt, die Fallkraft von seiten des Steins oder die Anziehungskraft von seiten der Erde; dasselbe, generell ausgedrückt, heißt „Schwerkraft oder Gravitation". Daß der Magnetstein das

Eisen anzieht, bewirkt, wie es heißt, „die magnetische Kraft". Daß die Theile eines Körpers zusammenhängen und zusammenhalten, geschieht durch „die Kraft der Cohäsion", d. h. auf deutsch durch die Kraft des Zusammenhängens und Zusammenhaltens. So erklärt man allemal die Erscheinung durch die gleichnamige Kraft: man erklärt die unverstandene Erscheinung durch die unverständliche Kraft, d. h. x durch y, wodurch x nicht einleuchtender gemacht wird. Auch wird das Verständniß nicht gebessert und die Sache dadurch nicht deutlicher, daß man die Kraft mit einem fremden Namen bezeichnet, etwa lateinisch oder griechisch. Vielmehr ist es das Zeichen einer recht komischen Selbsttäuschung, wenn mit Hülfe des lateinischen oder griechischen Titels sich der Lehrer lehrhafter und der Schüler belehrter vorkommt. Die Kraft des Zusammenhängens sagt mir nichts, aber „Cohäsion" sagt alles! Wenn mir gelehrt wird: „so handelt die Natur oder dies ist die Wirkungsart der Natur", so werde ich durch diese Erklärung nicht klüger, auch nicht durch das lateinische Wort: «operatio naturae»; auch nicht, wenn man die Art und Weise, wie die Natur die Dinge angreift und behandelt, griechisch betitelt und von der «ἐγχείρησις

naturae» redet. Eine lächerliche Art der Selbst=
täuschung, wenn man mit solchen Worten meint, hinter
die Dinge zu kommen! Ich höre den treffenden Spott
des Mephistopheles im Gespräch mit dem Schüler:

„Encheiresis naturae nennt's die Chemie,
Spottet ihrer selbst und weiß nicht wie".

2. A. Schopenhauer und A. Comte.

Die Frage nach der Kraft ist das große Welt=
rätsel, das man im Laufe dieses Jahrhunderts auf
verschiedenen Wegen und Arten zu lösen gesucht hat,
von denen ich zwei hervorheben möchte, die noch
heute in Geltung stehen. Beide Lehren sind in der
ersten Hälfte unseres Jahrhunderts entstanden, gleich=
zeitig und unabhängig von einander; sie sind einander
in der Hauptsache entgegengesetzt und ausgebildet
worden, ohne sich gegenseitig kennen zu lernen, die
eine in Deutschland, die andere in Frankreich. Ihr
Gegensatz betrifft die Lehre von der Kraft.

Von der einen Seite wird erklärt: daß alle Kraft
im Willen bestehe, daß dieser die Erscheinungen be=
wirke, steigere, von Stufe zu Stufe erhöhe, zuletzt er=
leuchte, vorstelle und erkenne. Von der andern Seite
wird erklärt, daß die Frage nach der Kraft unauf=
löslich sei, daß sie mit der Wissenschaft oder die

Wissenschaft mit ihr nichts zu thun habe, daher sie auf sich beruhen möge. Wir erkennen nur, was geschieht, nicht wodurch es geschieht. Wir erfahren, daß in diesem Zeitpunkte, an diesem Ort, unter diesen Umständen diese Begebenheit stattgefunden hat oder stattfindet: darin besteht die Thatsache. Wir erfahren, daß unter denselben Umständen (Ursachen) stets dieselben Erscheinungen erfolgen: darin besteht die Gesetzmäßigkeit der Thatsache oder das Naturgesetz. Naturgesetze sind nichts anderes als constante Vorgänge, generelle Facta, faits généralisés. Diese zu ordnen, fortschreitend von den einfachsten bis zu den complicirtesten Erscheinungen, von der Größenlehre bis zur Gesellschaftslehre: darin allein bestehe die Aufgabe und das Thema der Philosophie, des „Positivismus", wie diese Philosophie sich nennt, da sie es mit nichts anderem als mit den gegebenen Thatsachen und deren gesetzmäßiger Folge zu thun hat und zu thun haben will.

Das System der ersten Art heißt: „Die Welt als Wille und Vorstellung" und hat zu seinem Repräsentanten den Preußen Arthur Schopenhauer; das der zweiten Art nennt sich die positive Philosophie und hat zu seinem Re=

präsentanten den Franzosen Auguste Comte und dessen Schule in Frankreich und England.[1]

V. Wille und Verstand: der Einfluß des Willens.

Es giebt kaum eine Wahrheit, in welcher die größten Denker der Menschheit und ihrer verschiedenen Zeitalter so einverstanden sind als darin, daß die Welt ein Stufenreich wachsender Vollkommenheit bilde: eine Anschauung, die uns auch in der Lehre des Thomas gleich entgegengetreten ist. Er fand sie vorgebildet in Aristoteles, und unser Leibniz stimmte in eben dieser Weltansicht mit beiden überein.

In dem fortschreitenden Stufenreiche der Dinge, welches in der Geschichte der Welt zur Ausführung gelangt, wiederholt sich das göttliche Schöpfungswort, welches die Welt ins Leben gerufen. Es heißt noch einmal: „Es werde Licht!" Dieses Licht ist das Bewußtsein, die menschliche Vernunft, das Vermögen der Begriffe und Sprache, wodurch unser Gesichts-

---

[1] Das Hauptwerk Schopenhauers erscheint im Jahre 1819, die weitere Ausbildung der Lehre in Druckschriften fällt in die Jahre 1836—1851. Die Vorlesungen Comtes über die positive Philosophie (Cours de philosophie positive) sind in den Jahren 1839—1842 erschienen.

kreis sich über Vergangenheit, Gegenwart und Zu=
kunft ausdehnt.

Der Wille führt die Herrschaft. Er ist es, der
dem Verstande vorausgeht, die intellectuellen Kräfte
weckt, steigert und anspannt, ohne welche An=
spannung der Verstand keinen Schritt thut: daher
man beide sehr gut mit jener Verbindung des **Blinden** und **Lahmen** verglichen hat, von der die Fabel
erzählt: beide machen ihren Weg gemeinsam, indem
der Blinde den Lahmen auf seine Schultern nimmt
und trägt; denn der Wille ohne den Verstand ist
blind, und der Verstand ohne den Willen ist lahm.

Die Herrschaft oder der Einfluß, welchen der
Wille auf den Verstand ausübt, zeigt sich sowohl
darin, daß er die intellectuelle Thätigkeit auf mannich=
fache Weise hemmt, stört und verfälscht, als auch
darin, daß er sie spornt, erhöht und ins Außerordent=
liche steigert. Der Einfluß beider Arten erhellt aus
dem eigenen Leben, aus der täglichen Erfahrung, aus
einer Fülle von Beispielen.[1]

---

[1] Vgl. Schopenhauer: Die Welt als Wille und Vorstellung. Bd. II. Cap. 19. Vgl. mein Werk über Schopenhauer. Zweites Buch. Cap. IX. S. 272 ff.

1. Die Voreiligkeit.

Da der Wille dem Verstande vorausgeht, immer thätig ist und nie pausirt, während der Verstand immer anzustrengen ist, darum auch erschöpft wird und pausiren muß, so kann und wird der Wille dem Verstande vorauseilen, unüberlegt handeln, vorschnell urtheilen, kurz gesagt jenes Gebaren an den Tag legen, welches man treffend mit dem Worte Voreiligkeit bezeichnet: sie ist die Mutter zahlloser Handlungen, deren Unklugheit alsbald einleuchtet, nachdem sie geschehen sind. Ihre Folgen sind oft recht verdrießlich, unangenehm, sogar schädlich, weshalb das Sprüchwort sagt: „Vorgethan und nachbedacht hat manchen in groß Leid gebracht". Manchen: d. i. jedermann, nämlich der Wille.

2. Die Verfälschung.

Der Verstand, sagt Bacon, hat kein trocknes, reines Licht, weil er durch den Einfluß des Willens und der Willenserregungen sehr leicht und oft getrübt wird. Furcht und Hoffnung vergrößern ihre Gegenstände und verkleinern deren Gegentheile, so daß wir nicht mehr im Stande sind, die Lage der Dinge unbefangen zu beurtheilen; die Liebe vergrößert den Werth des Objects, der Haß den Unwerth, so daß wir nicht mehr vermögen, die Beschaffenheit dieser Objecte ruhig zu schätzen.

Wo es sich aber um die Werthe der Dinge handelt, da ist unser Vortheil und Nachtheil, unser Wohl und Wehe, unser Dasein und Wohlsein, mit einem Worte unsere Selbstliebe, d. h. wir selbst im Spiel und unmittelbar betheiligt oder interessirt. Unsere Interessen sind unsere intimsten Willensangelegenheiten und fallen mit dem Willen selbst, seinen Zuständen und Richtungen zusammen.

3. Die Vorurtheile.

Da nun das Wollen in seiner beständigen Rührigkeit dem Erkennen voreilt, so sind auch die Vorurtheile schneller und früher als die Urtheile. Wenn aber unser Denken und Urtheilen nicht von der Einsicht und Prüfung der Gründe, sondern blos von unseren Interessen und Vortheilen abhängt und beherrscht wird, so entsteht diejenige Art der Urtheile, die man sehr gut und treffend Vorurtheile nennt. Sie sind sehr stark, diese Vorurtheile, da sie mit dem Willen, d. h. mit der Kraft als solcher zusammenfallen; sie sind um so stärker, je länger sie fortgepflanzt und vererbt werden, oder auch je zahlreicher und massenhafter die

Interessen sind, worauf sie beruhen. Um so massiver sind die Vorurtheile!

Wenn man in einer Versammlung den Willen der Menge, ihre Affecte und Parteileidenschaften wider sich hat, so helfen alle Vernunftgründe nichts, man wird verlacht und überschrieen. Wenn man aber den Willen der Leute für sich hat und ihren Interessen nach dem Munde (d. h. nach dem Willen) redet, so wird man unfehlbar beklatscht und bejubelt, sei es auch, daß man das allerdümmste Zeug vorbringt. Da gilt statt aller Vernunftgründe der Wille! Der römische Satirendichter Juvenal läßt eine böse Frau, die einen Sclaven ohne allen Grund grausam gestraft wissen will, der Einsprache ihres besser gesinnten Mannes erwidern: Ich will es so und damit basta! «Stat pro ratione voluntas!»

Auch im Einzelnen und Kleinen zeigt es sich oft, wie sehr der Vortheil das Urtheil unwillkürlich stimmt und lenkt. Eine Rechnung, die man zu zahlen hat, erscheint auf den ersten Blick gewöhnlich zu groß, und eine Einnahme, die man zu machen hat, gewöhnlich zu klein. Das Vorurtheil geht nach dem Vortheil, der im ersten Fall die Rechnung kleiner und im andern die Einnahme größer wünscht.

4. Die Nachurtheile.

Da ich soeben der Vorurtheile gedacht habe, die von störenden Willenseinflüssen herrühren, nämlich von den Interessen oder Vortheilen, welche unseren Urtheilen vorausgehen und zu Grunde liegen, so möchte ich nicht unbemerkt lassen, daß es auch gewisse Nachurtheile giebt, die ebenfalls der Wille durch gewisse störende Erregungen oder Affecte verschuldet. Ich nenne die Zustände der Verlegenheit und ängstlicher Scheu, die das Selbstgefühl bedrücken und aus ungewohnten Situationen aufregender oder verwirrender Art hervorgehen. Wie oft hört man in einer Prüfung die Antwort: „Ich weiß es wohl, aber ich kann es im Augenblick nicht sagen". Wenn dann dem Geprüften auf dem Heimwege wirklich die richtige Antwort einfällt, so ist dies ein solches Nachurtheil, das im Widerspiel zu den Vorurtheilen nicht zu früh, sondern vielmehr zu spät kommt. Aber man braucht gar nicht an allerhand förmliche Prüfungen zu denken. Das menschliche Leben selbst ist ein beständiger Examinator und stellt jeden oft genug auf die Probe, ob er im richtigen Moment eine treffende und gute Antwort zu geben weiß. Man hätte sie auch geben können, aber Scheu und

Verlegenheit haben es verhindert, sie haben den Willen befangen und dadurch den Verstand momentan lahm gemacht. Wie man sich frei fühlt, ist die treffende Antwort da, gleich auf dem Heimwege, gewöhnlich schon auf der Treppe, weshalb man diese Art guter, aber verspäteter Einfälle «esprit d'escalier» nennt, das beste Beispiel der Nachurtheile und des vom Willen gehemmten, nachhinkenden Verstandes.

5. Die Anspornung des Verstandes.

Indessen zeigt sich die Herrschaft und Macht, welche der Wille auf den Verstand ausübt, nicht blos in seinen hemmenden und trübenden Einflüssen, sondern auch in den Antrieben, wodurch er die intellectuelle Thätigkeit erhöht und steigert. Die Interessen der Selbsterhaltung, die stärksten, die es giebt, der Drang und die Noth des Lebens machen die Intelligenz erfinderisch. Mit Recht nennt man die Noth die Mutter der Künste. Selbst den thierischen Sinn schärft sie bis zum Grade ungewöhnlicher Klugheit. So erreicht der Fuchs im beständigen Kampfe mit Noth und Gefahr allmählich jene ungemeine Fülle von List und Schlauheit, die ihn zum Gegenstande des Sprichworts und der Fabel gemacht hat.

6. Die Schärfung des Gedächtnisses.

Was uns wahrhaft und beständig interessirt, unser Wollen ausmacht, uns recht eigentlich am Herzen liegt, das brauchen wir nicht erst mühsam zu behalten und ins Gedächtniß zurückzurufen: es ist uns stets gegenwärtig, wir wissen es gleichsam auswendig oder, wie der beneidenswerthe französische Ausdruck lautet, wir wissen es «par cœur». Das Gedächtniß des Herzens ist weit intimer, weit sicherer und untrüglicher, als das des Kopfs.

Man erzählt von Pascal, der ein ebenso tiefer religiöser wie mathematischer Denker war, daß er nie etwas vergessen habe: er hat sehr einfach, sehr zurückgezogen, zuletzt ganz ascetisch gelebt und sich nur mit dem beschäftigt, was ihn wahrhaft interessirt hat.

Mit welcher Energie der Wille, d. h. die Interessen, welche uns am Herzen liegen, das Gedächtniß zu stärken und zu erleuchten vermag, davon giebt uns Napoleon ein staunenswerthes und höchst interessantes Beispiel. Er hatte sehr wenig Gedächtniß (weil sehr wenig Interesse) für einzelne Personen und hat den Musiker Grétry so oft nach seinem Namen gefragt, bis dieser zuletzt geantwortet hat: «toujours Grétry». Dagegen hatte er ein geradezu fabelhaftes Gedächtniß für Thatsachen und Oertlichkeiten, insbesondere für militärische Topographie. Als ihm der Graf Ségur einen sehr ausführlichen Bericht über die Befestigungen der Nordküste des Reichs erstattet hatte, sagte Napoleon, damals noch erster Consul: „Es ist richtig, aber Sie haben zwei Kanonen auf der Landstraße hinter Ostende vergessen". „Es stimmte", so schreibt Ségur in seinen Denkwürdigkeiten, „und ich war außer mir vor Erstaunen, daß er bei den Tausenden von Kanonen, die über die ganze Küste zerstreut waren, zwei einzelne im Gedächtniß hatte."

Im August 1806, also kurz vor der Schlacht bei Jena, schreibt der Kaiser an seinen Bruder Josef: „Ich beschäftige mich täglich einige Stunden mit dem Stande meiner Heere, ich empfange monatlich die Situationsberichte, zwanzig dicke Hefte, ich lasse alles andere im Stich und lese sie sogleich. Diese Lectüre macht mir mehr Vergnügen als einem Mädchen das Lesen eines Romans."

VI. Verstand und Wille: der Einfluß des Verstandes.

1. Die Erleuchtung des Willens.

Es kann natürlich nicht ausbleiben, daß unsere Vorstellungs= und Erkenntnißzustände auf den Willen

zurückwirken und, wie sie von ihm ausgegangen sind, auch wieder auf ihn einfließen. Unsere Willens=
zustände sind theils Willenserregungen, theils Willensrichtungen: jene sind unsere Affecte und Leidenschaften, diese sind unsere Interessen und Zwecke.

Lust und Unlust, Freude und Schmerz, Wohl und Wehe sind zunächst nur Empfindungszustände, und so lange sie nichts weiter sind, sind sie dumpf. Sobald aber die Vorstellung hinzutritt und diese Zustände ins Bewußtsein erhebt und erleuchtet, so werden sie im Lichte des Bewußtseins bei weitem deutlicher gesehen, eben deshalb auch viel stärker und lebhafter empfunden.

Unsere Vernunft ist ein Januskopf, sie blickt in die Vergangenheit und in die Zukunft. Wenn wir ein Uebel oder Unglück erleiden und mit dem geschärften Blick in die Vergangenheit alles sehen oder zu sehen glauben, wodurch es hätte verhütet werden können, so wird unser Leid außerordentlich vergrößert. Ebenso wird es außerordentlich ver=
größert, wenn wir mit dem geschärften Blick in die Zukunft alle Folgen, alle Gefahren voraussehen, die das gegenwärtige Uebel haben kann oder wird. Das verlorene Gut, mit diesem Blicke betrachtet,

wird nicht blos entbehrt, sondern für immer ent=
behrt. Für immer entbehren heißt entsagen. Ent=
sagen ist weit schmerzlicher als entbehren.

Wie sehr die Vorstellung ein erlittenes Uebel
vergrößert und die schmerzliche Erregung erhöht und
steigert, sehen wir an den Kindern. Wenn dem
Kinde ein Unfall, eines der vielen kleinen Uebel zu=
stößt, so beruhigt man es am ehesten, wenn man
zu dem Kinde sagt: „es ist nichts!" Man dämpft
die Vorstellung des Uebels. Wenn man aber das
Kind bedauert, so macht man, daß es sein Uebel
vorstellt und dadurch erhöht; nun erst wächst das
Uebel in den Augen des Kindes und fängt an, das=
selbe zu ängsten. Jetzt leidet das Kind nicht blos,
sondern bemitleidet sich selbst und hebt an zu weinen
oder erst recht zu weinen.

2. Das Mitleid und das Weinen.

Diese einfache und alltägliche Begebenheit ist
gleichsam ein Urphänomen, das uns, wie mir scheint,
über die Quelle des Weinens zu belehren vermag.
Nicht der empfundene Schmerz ist die Quelle der
Thränen, sondern die Wiederholung desselben in der
Reflexion oder in der Betrachtung, die lebhafte
Vorstellung des Leidens, es sei nun ein fremdes

oder unser eigenes: daher weiches Gefühl und lebhafte Einbildungskraft die beiden Bedingungen sind, ohne welche keine Thränen fließen. Hartherzige und phantasielose Menschen weinen nicht. Wir weinen über fremdes Leiden, wenn wir dasselbe auf das Innigste nachfühlen, nicht blos als ob es unser eigenes wäre, sondern so innig und lebhaft, daß es unser eigenes ist, und wir selbst die leidenden Personen sind.

Das Wesentliche ist, daß wir das Leiden in unser Bewußtsein erheben und auf das lebhafteste vorstellen, wodurch es zu der Höhe emporsteigt, wo der Quell der Thränen entspringt. In den dumpfen Zustand des Schmerzes sind wir versunken und versenkt, vorstellungslos, thränenlos, trostlos; aber in dem Moment, wo wir denselben aussprechen und theilnehmenden Freunden schildern wollen, bricht uns die Stimme und ein Thränenstrom erleichtert das beschwerte Gemüth. Oder wir hören unser Leid von einem andern aussprechen, darstellen, verdeutlichen. Ich habe der Kinder gedacht, die um so heftiger weinen, je mehr man sie beklagt. Ein Klient, als er seine Schicksale von seinem beredten Vertheidiger schildern hörte, brach in Thränen aus und sagte:

„ich habe gar nicht gewußt, daß ich so viel gelitten habe".

Eines der schönsten Beispiele bietet uns die Odyssee am Schluß ihres achten Buches. Wie Odysseus am Hofe des Phäakenkönigs aus dem Munde des Sängers die Zerstörung Trojas und den Preis seiner Heldenthaten vernimmt, da vergegenwärtigen sich ihm klarer als je seine Leiden, alles, was er gethan und erduldet, der Contrast zwischen dem Helden und dem Dulder, zwischen seiner Vergangenheit und Gegenwart, und es bemächtigt sich seiner eine tiefe Rührung: er weint und sucht seine Thränen zu verbergen.[1]

Man kann auch Freudenthränen vergießen. Wenn geliebte Personen nach langer, höchst schmerzlicher Trennung einander endlich wiedersehen, so kann in diesem glücklichen Moment der Zustand ihres vergangenen Leidens, Sehnens, Entbehrens, Befürchtens u. s. f., sich mit solcher Gewalt ihrem Bewußtsein aufdrängen, daß sie in Thränen ausbrechen.

---

[1] Vergl. Schopenhauer: Die Welt als Wille und Vorstellung. (Leipzig, F. A. Brockhaus, 1819.) Bd. I. § 67. Bd. II. Cap. 47. S. 679 ff. Vergl. mein Werk über Schopenhauer. Zweites Buch. Cap. XVI. S. 397—99.

Schiller hat in der „Bürgschaft" einen solchen Moment, der zugleich die Probe aufopferungsvollster und treuester Freundschaft bestanden hat, vortrefflich geschildert: „In den Armen liegen sich beide und weinen vor Schmerzen und Freude. Da sieht man kein Auge thränenleer."

Die Erzählung vom Odysseus erinnert uns an die Ballade „Der Graf von Habsburg", der bei seinem Krönungsfeste als römischer Kaiser aus dem Munde des Sängers eine Begebenheit preisen hört, die er selbst vor vielen Jahren erlebt hat, es war ein hülfreicher Dienst voller Frömmigkeit und Demuth, den er einst auf der Jagd einem Priester auf dem Wege zu einem Sterbenden erwiesen:

> Und mit sinnendem Haupt saß der Kaiser da,
> Als dächt' er vergangener Zeiten,
> Jetzt, da er dem Sänger ins Auge sah,
> Da ergreift ihn der Worte Bedeuten.
> Die Züge des Priesters erkennt er schnell
> Und verbirgt der Thränen stürzenden Quell
> In des Mantels purpurnen Falten.

Und wie die Thränen aus dem Mitleid hervorgehen, so pflegen sie auch das Mitleid zu wecken und den Zorn zu entwaffnen. Menschen von weichem und lebhaftem Gefühl können andere nicht weinen sehen und fürchten sich vor dem Anblick der Thränen.

3. Mitleid und Liebe.

Mitleid und Liebe sind nahe verwandt. Alle Liebe ist Mitleid, denn das geliebte Wesen ist leidensfähig und lebt in einer leidensvollen Welt, daher liebkosende Worte so oft den Accent des Mitleids annehmen und gern biminutive Bezeichnungen brauchen, wodurch die Vorstellung der Leidensfähigkeit verstärkt wird.

Das weibliche Gemüth ist von Natur mitleidsfähiger als das männliche. Aus der mitleidigen Liebe der Frau kann die leidenschaftliche, aus der Caritas der Amor entstehen, wie Shakespeare diesen rührenden Vorgang in zwei wundervollen Beispielen geschildert hat: in seiner Desdemona im „Othello" und in seiner Miranda im „Sturm".

Der Vater Desdemonas glaubt, der Mohr müsse seine Tochter durch Zaubertränke bethört haben. In Wahrheit hat er durch die Erzählung seiner Abenteuer und Gefahren ihre leidenschaftliche Theilnahme, ihr innigstes und innerstes Mitleid gewonnen und sie durch dieses Mitleid seine Liebe:

 Als ich geendigt,
Gab sie zum Lohn mir eine Welt von Seufzern.
Sie schwur — in Wahrheit seltsam! wunderseltsam!
Und rührend war's, unendlich rührend war's,

Sie wünscht', daß sie es nicht gehört; doch wünschte sie,
Der Himmel habe sie als solchen Mann
Geschaffen, und sie dankte mir und bat mich,
Wenn je ein Freund von mir sie lieben sollte,
Ich mög' ihn die Geschicht' erzählen lehren,
Das würde sie gewinnen. Auf den Wink
Erklärt' ich mich.
Sie liebte mich, weil ich Gefahr bestand;
Ich liebte sie um ihres Mitleids willen.
Das ist der ganze Zauber, den ich übte.

VII. Die Selbstbeherrschung.

Die Gegengewichte wider den voreiligen Willens=
drang und die Fluth der Affecte liegen einzig und
allein in der Erkenntniß und den Vernunftgründen.
Wenn diese Gewichte die Affecte niederhalten, so
herrscht der Kopf oder man behält, wie man zu sagen
pflegt, den Kopf oben; mitten unter dem Ansturm
der Affecte läßt sich der Verstand in der Untersuchung
und Prüfung seiner Gründe nicht beirren und stören,
sondern bleibt in ungeschwächter, ihm gegenwärtiger
Thätigkeit: eben darin besteht die Geistesgegen=
wart, die nicht möglich wäre, wenn sich der Wille
von dem Andrange und den Wallungen der Leiden=
schaften fortreißen ließe. Daß er es nicht thut,
darin besteht, was man „ruhig Blut" oder Kalt=
blütigkeit nennt, ohne welche die Geistesgegenwart

und die Herrschaft der Vernunftgründe nicht stattfinden könnte, sondern alles Denken in Unruhe und Verwirrung gerathen würde.

So bleibt der Wille der Selbstherrscher, der den Verstand walten und regieren läßt; er ist in der wohlgeordneten Verfassung des menschlichen Lebens der König, von dem es heißt: «le roi règne, mais il ne gouverne pas».

Man hat den Willen mit dem Reiter, den Verstand mit dem Zügel verglichen, welchen der Reiter seinem Roß anlegt, um es zu lenken. Das Roß ist wild. Wenn man ihm den Zügel schießen läßt, so geht es durch, ventre à terre. Wenn ich mir die Selbstbeherrschung, kraft deren der Wille unter dem Ansturm der größten Gefahren seine Geistesgegenwart und Kaltblütigkeit nicht blos erhält, sondern noch erhöht und steigert, in einem so anschaulichen wie erhabenen Bilde vorstellen will, so denke ich mir den Feldherrn auf dem Schlachtfelde.

Um aber auf das Bild vom Reiter und Roß zurückzukommen und zwar in einem der imposantesten Beispiele, so gedenke ich wiederum Napoleons und eines Ausspruchs, der von ihm erzählt wird. Als die Rede davon war, wie man ihn, der nicht blos in

so vielen Schlachten, sondern auch über die Revo=
lution gesiegt habe, am besten darstellen könne, in
welcher seiner Größe am meisten charakteristischen Si-
tuation, soll er gesagt haben: „man möge mich nicht
malen mit dem Degen in der Hand, denn es ist nicht
der Degen, welcher die Welt bezwingt; man soll
mich darstellen ruhig auf einem wilden Pferde".
Und so habe ihn David in dem Bilde dargestellt, wie
der Feldherr auf der Höhe des St. Bernhard er=
scheint.

In seiner Selbstbeherrschung ist der Wille gleich=
sam geharnischt und gerüstet wider den Anfall der
Affecte und Leidenschaften, die ihn nicht packen oder
gar überwältigen und mit sich fortreißen können.
Aber Selbstbeherrschung ist keineswegs Unempfind=
lichkeit und macht uns den moralischen Eindrücken
gegenüber nicht unzugänglich oder gar stumpf. Im
Gegentheil, je mächtiger man seiner Gefühle ist und
je mehr man dieselben in seiner Gewalt hat, um so
mächtiger und um so tiefer bringt auch die Erregung,
welche ungerechte oder nichtswürdige Gesinnungen
und Handlungen hervorrufen. Die Erregung, in
welche der seiner selbst mächtige Wille geräth, ist nicht
der gewöhnliche Affect: es ist in dem angeführten

Falle nicht der Zorn, sondern der Unwille; der gerüstete Wille wird nicht überwältigt, sondern, wie es unsere Sprache sehr treffend ausdrückt, er wird entrüstet oder vielmehr er entrüstet sich.

VIII. Kopf und Herz.

Wenn wir nunmehr die Beschaffenheit des Verstandes mit der des Willens vergleichen, die Vorzüge und Fehler des einen mit den Vorzügen und Fehlern des andern, so erhellt sogleich, welchem von beiden der primäre Charakter und Grundwerth gebührt. Auch darüber entscheidet die Sprache. Man sagt: er hat einen guten Kopf, aber er ist ein schlechter Mensch. Sie identificirt Willen und Mensch. Im Willen steckt der wahre und eigentliche Mensch: daher ein guter Wille mit einer geringen Intelligenz besser ist, als der umgekehrte Charakter. Man entschuldigt die Thorheit, nicht die Bosheit. Nicht der Unverstand wird angeklagt, sondern der böse Wille. Wer Handlungen zu entschuldigen hat, beruft sich auf seinen guten Willen, und daß er es nicht böse gemeint, nur nicht besser gewußt habe. Ganz anders beurtheilt man einen ungerechten Richterspruch, wenn er die Folge eines Irrthums, als wenn er die Folge der Rache oder der Bestechung ist. Im ersten Fall ist der Spruch ungerecht, im zweiten der Mann.

Auch die moralische Zufriedenheit ist ganz anderer Art, als die intellectuellen Befriedigungen, und trägt das Gefühl einer tiefen Beruhigung in sich, das jenen fehlt. Etwas von einer solchen unvergleichlichen Beruhigung liegt schon in dem Bewußtsein, mehr Unrecht erlitten als gethan zu haben, wie König Lear von sich sagt: „Ich bin ein Mann, an dem mehr gesündigt worden ist, als er gesündigt hat". Perikles, der größte Staatsmann der Griechen, soll auf seinem Sterbebett erklärt haben, es gereiche ihm zum Trost, nie einen Bürger in Trauer versetzt zu haben.

Der Wille ist das Wesen des Menschen, der Geist ist seine Begabung. Die intellectuellen Vorzüge sind Geschenke der Natur und der Gottheit. Der Wille ist man, Verstand und Genie hat man. Vergleichen wir diese beiden Grundvermögen mit den beiden Centralorganen des Leibes, so ist der Verstand mit dem Kopf (Gehirn) identisch, der Wille dagegen hat zu seinem Symbol das Herz: dieses punctum saliens, dieses perpetuum mobile des leiblichen Lebens. Es lebt zuerst, es stirbt zuletzt: «primum vivens, ultimum moriens», wie Haller gesagt hat.

Es giebt für Intelligenz und Willen keine Bezeichnung, die treffender und in allen Sprachen übereinstimmender wäre. Das Herz als Symbol des Willens ist gleichbedeutend mit Gemüth: das liebe Herz, „φίλον ἦτορ".

Wie der Kopf, soll der Verstand kühl sein. Wie das Herz der Heerd der Lebenswärme, so ist der Wille die Quelle der warmen Gefühle und Affecte, welche die Thatkraft anfeuern. Solange von Gründen die Rede ist, bleiben wir kalt; sobald aber der Wille mit seinen Interessen ins Spiel kommt, wird uns warm und heiß zu Muth. Denn das sind wir selbst. Nicht mit dem, was wir denken, sind wir identisch, sondern mit dem, was wir wollen, wünschen, begehren. Wo unser Schatz ist, da ist unser **Herz** und umgekehrt. Von einem schlechten Menschen heißt es: „er hat ein schlechtes Herz". Man sagt: „ich hänge mein Herz an die Sache", „es geht mir von Herzen", „es giebt mir einen Stich ins Herz". Aus dem Kopf entspringen die Früchte des Geistes, aus dem Willen die Thatkraft: darum balsamirt man das Herz der Helden, während man von den Künstlern, Dichtern und Denkern die Schädel aufbewahrt.

Die Selbstbeherrschung quillt noch aus der Selbst=

liebe und dient den eigenen Interessen und der Klugheit. Auch die macchiavellistische Politik, die Kunst der Täuschung, wie sie z. B. Shakespeares Richard III. ausübt, bedarf der Selbstbeherrschung und vermag ohne dieselbe nichts.

Dagegen die **Herzensgüte** besteht in der Selbstverleugnung und dient dem Wohle der andern. Hier ist eine der schönsten, bemerkenswerthesten und tiefgedachtesten Stellen in dem Werke Schopenhauers: „Wie Fackeln und Feuerwerk vor der Sonne blaß und unscheinbar werden, so wird Geist, ja Genie und ebenfalls die Schönheit überstrahlt und verdunkelt von der Güte des Herzens. Wo diese in hohem Grade hervortritt, kann sie den Mangel jener Eigenschaften so sehr ersetzen, daß man solche vermißt zu haben sich schämt. Sogar der beschränkteste Verstand, wie auch die groteske Häßlichkeit werden, sobald die ungemeine Güte des Herzens sich in ihrer Begleitung kund gethan, gleichsam verklärt, umstrahlt von einer Schönheit höherer Art, indem jetzt aus ihnen eine Weisheit spricht, vor der jede andere verstummen muß. Denn die Güte des Herzens ist eine transscendente Eigenschaft, gehört einer über dieses Leben hinausreichenden Ordnung der Dinge an und ist mit jeder andern Vollkommenheit inkommensurabel."

„Was ist dagegen Witz und Genie?"

Es ist doch sehr merkwürdig, daß dieser Mann, der in seinem Leben wie in seinen Werken stets das Genie und sich vergöttert hat, zu einer solchen Ueberzeugung gelangen konnte: in Vergleichung mit echter Selbstverleugnung und ungemeiner Herzensgüte seien Geist und Genie nichts.

Wille und Verstand, Herz und Kopf sind der ganze Mensch. Verstehen wir unter Vernunft die Zwecke und Aufgaben des großen Ganzen, dem wir angehören, die Zwecke des Vaterlandes und der Welt, so gelte das Schillersche Wort:

> Einig sollst du zwar sein, doch Eines nicht mit dem Ganzen,
> Durch die Vernunft bist du eins, einig mit ihm durch das Herz.
> Stimme des Ganzen ist deine Vernunft, dein Herz bist du selber,
> Wohl dir, wenn die Vernunft immer im Herzen dir wohnt.

BOUND

AUG 30 1935

UNIV. OF MICH.
LIBRARY

UNIVERSITY OF MICHIGAN

3 9015 05989 2136

In **Carl Winter's** Universtätsbuchhandlung in Heidelberg sind ferner erschienen von

Kuno Fischer:

Goethe-Schriften. Erste Reihe. (Goethes Iphigenie. Die Erklärungsarten des Goethe'schen Faust. Goethes Tasso.) 8°. brosch. M. 9.—, eleg. Halbleder geb. M. 11.—.

Daraus sind einzeln zu haben:
Goethes Iphigenie. 2. Aufl. 8°. brosch. M. 1.20.
Die Erklärungsarten des Goethe'schen Faust. 8° brosch. M. 1.80.
Goethes Tasso. 2. Aufl. 8°. br. M. 6.—, eleg. Lwd. geb. M. 7.50.

Goethe-Schriften. Zweite Reihe.
Goethes Sonettenkranz. 8°. brosch. M. 2.—.

Schiller-Schriften. Erste Reihe. (Schillers Jugend- und Wanderjahre in Selbstbekenntnissen. Schiller als Komiker.) 8°. brosch. M 6.—. eleg. Halbleder geb. M. 8.

Daraus sind einzeln zu haben:
Schillers Jugend- und Wanderjahre in Selbstbekenntnissen. 2. neubearbeitete und vermehrte Auflage von „Schillers Selbstbekenntnissen". 8°. br. M. 4.—, eleg. Lwd. geb. M. 5.—.
Schiller als Komiker. 2. neubearbeitete und vermehrte Auflage. 8° brosch. M. 2.—.

Schiller-Schriften. Zweite Reihe. (Schiller als Philosoph. 1. u. 2. Buch.) 8°. br. M. 6.—, eleg. Halbleder geb. M. 8.—.

Daraus sind einzeln zu haben:
Schiller als Philosoph. 2. neubearb. u. verm. Aufl. In zwei Büchern. Erstes Buch. Die Jugendzeit 1779—1789. 8°. brosch. M. 2.50.
Zweites Buch. Die akademische Zeit 1789—1796. 8°. br. M. 3.50.
Beide Theile eleg. Lwd geb. M. 7.50.

Shakespeare's Charakterentwicklung Richard's III. 2. Ausg. 8°. brosch. M. 2.—.

Kleine Schriften. Erste Reihe. (Ueber die menschliche Freiheit. Ueber den Witz. Shakespeare und die Bacon-Mythen. Kritische Streifzüge wider die Unkritik.) 8°. brosch. M. 8.—, eleg. Halbleder geb. M. 10.—.

Daraus sind einzeln zu haben:
Ueber die menschliche Freiheit. 2. Auflage. 8°. brosch. M. 1.20.
Ueber den Witz. 2. Aufl. 8°. brosch. M. 3.—, eleg. Lwd. geb M. 4.—.
Shakespeare und die Bacon-Mythen. 8°. brosch. M. 1.60.
Kritische Streifzüge wider die Unkritik. 8°. brosch. M. 3.20.

Kleine Schriften. Zweite Reihe.
Shakespeares Hamlet. 8° brosch. M. 5.—, eleg. Lwd. geb. M. 6.—.

Philosophische Schriften:

1. Einleitung in die Geschichte der neuern Philosophie. 4. Aufl. gr. 8° brosch. M 4.—, eleg. Lwd. geb M. 5.—. (Sonderabdruck aus der Geschichte der neuern Philosophie.)
2. Kritik der Kantischen Philosophie 2. Aufl. gr. 8°. br. M. 4.—
3. Die hundertjährige Gedächtnißfeier der Kantischen Kritik der reinen Vernunft. Johann Gottlieb Fichtes Leben und Lehre. Spinozas Leben und Charakter. 2. Aufl gr. 8°. br. M. 2.40.

Zu beziehen durch alle Buchhandlungen.